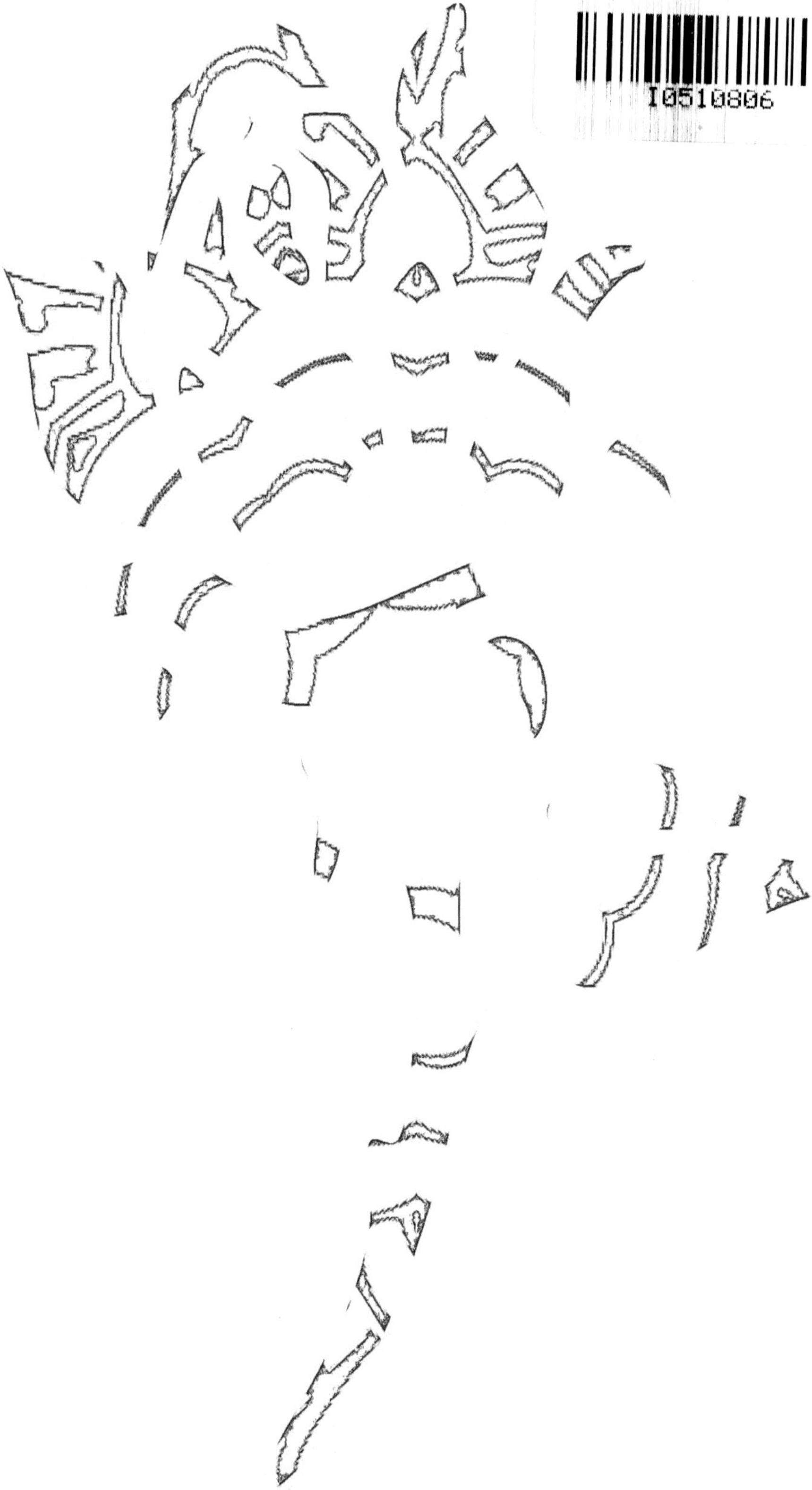

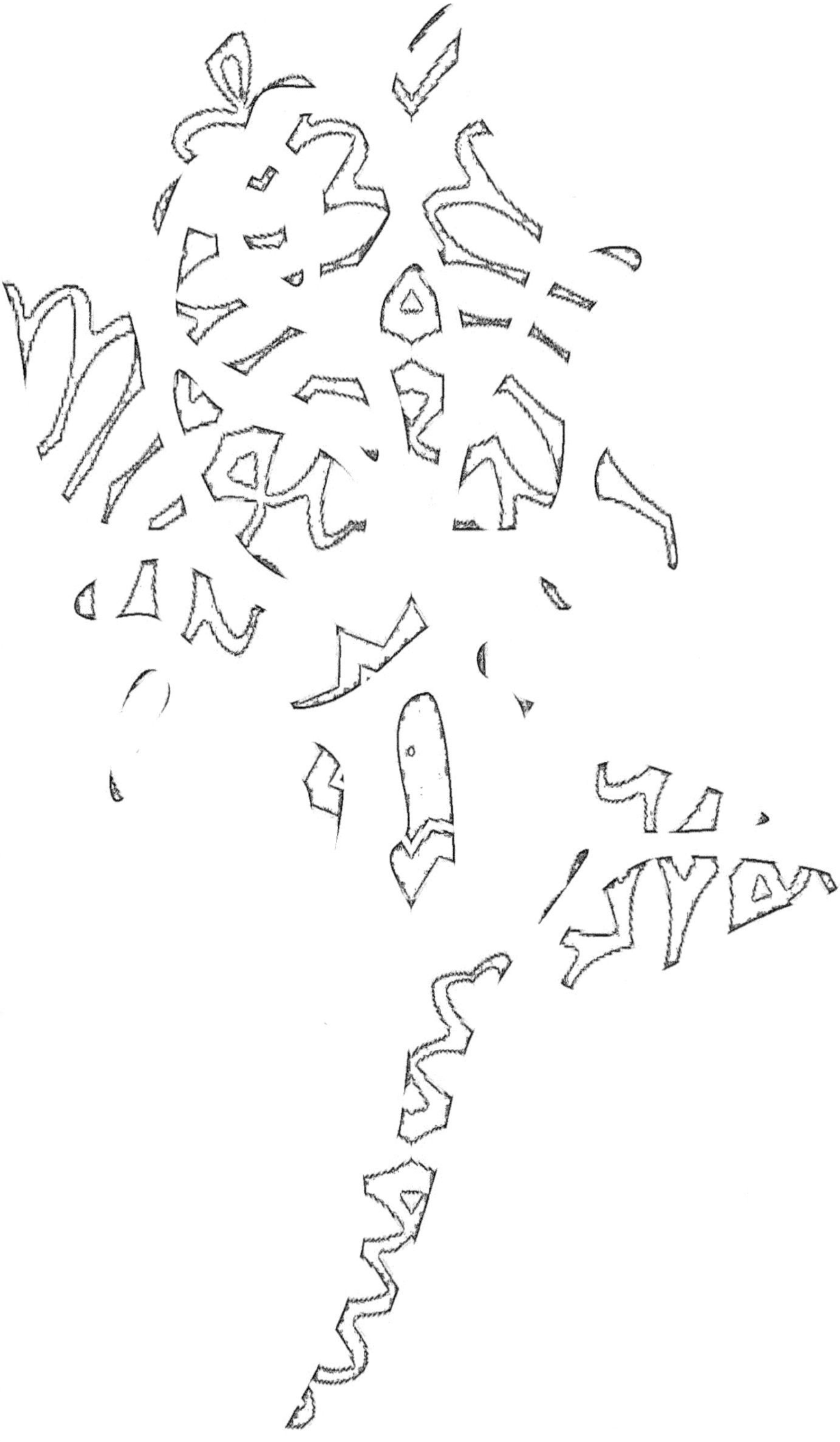

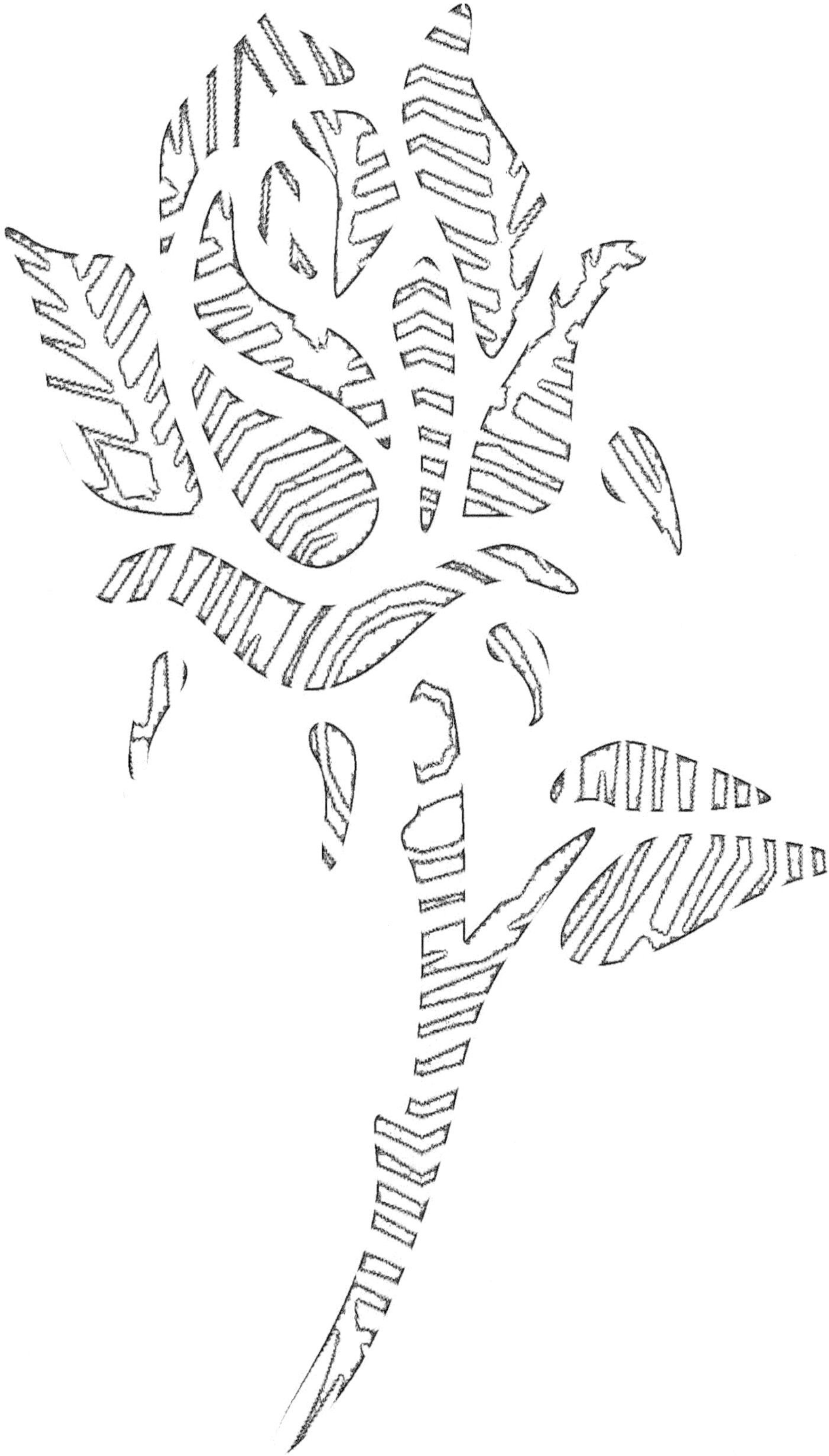

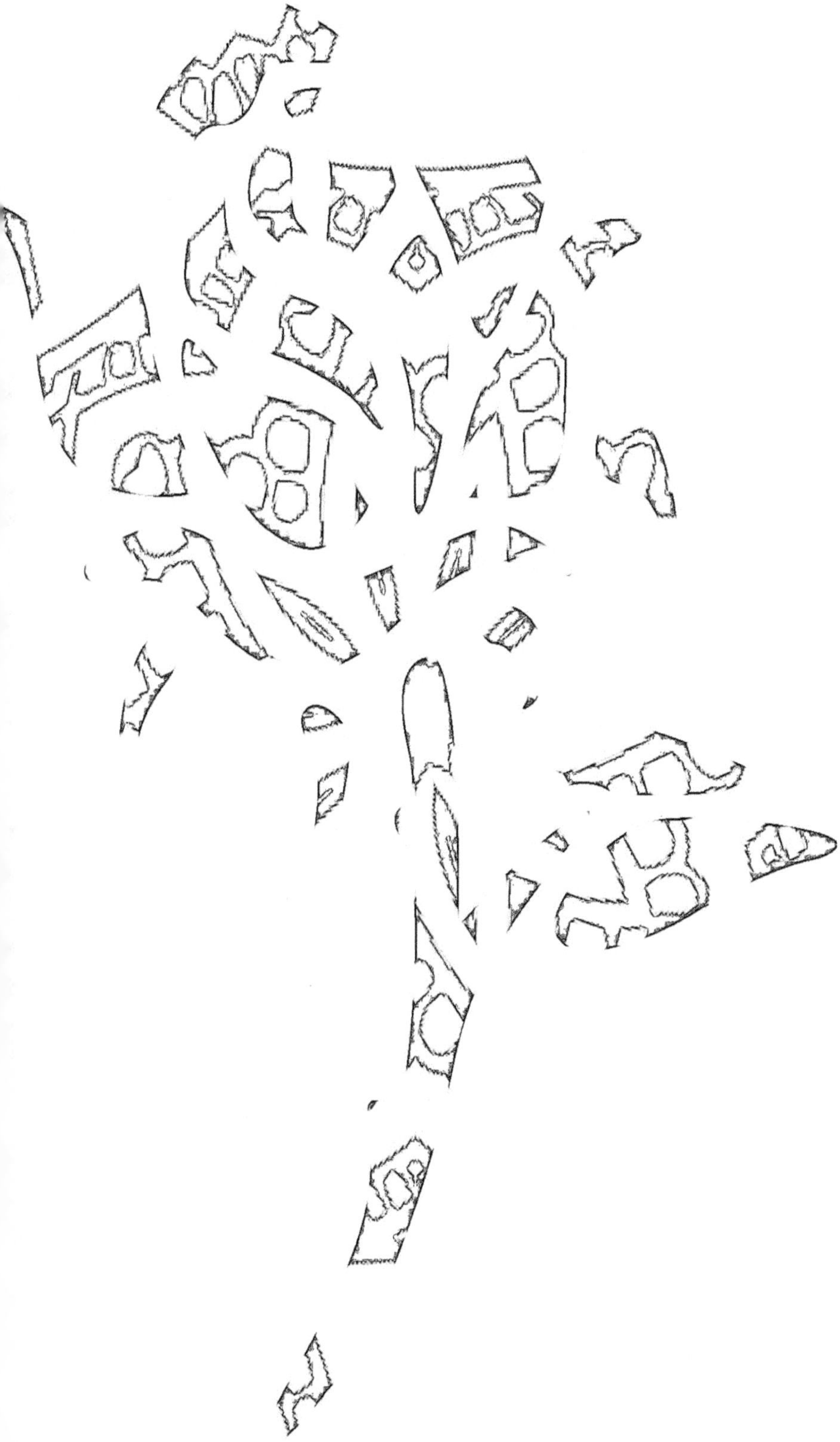

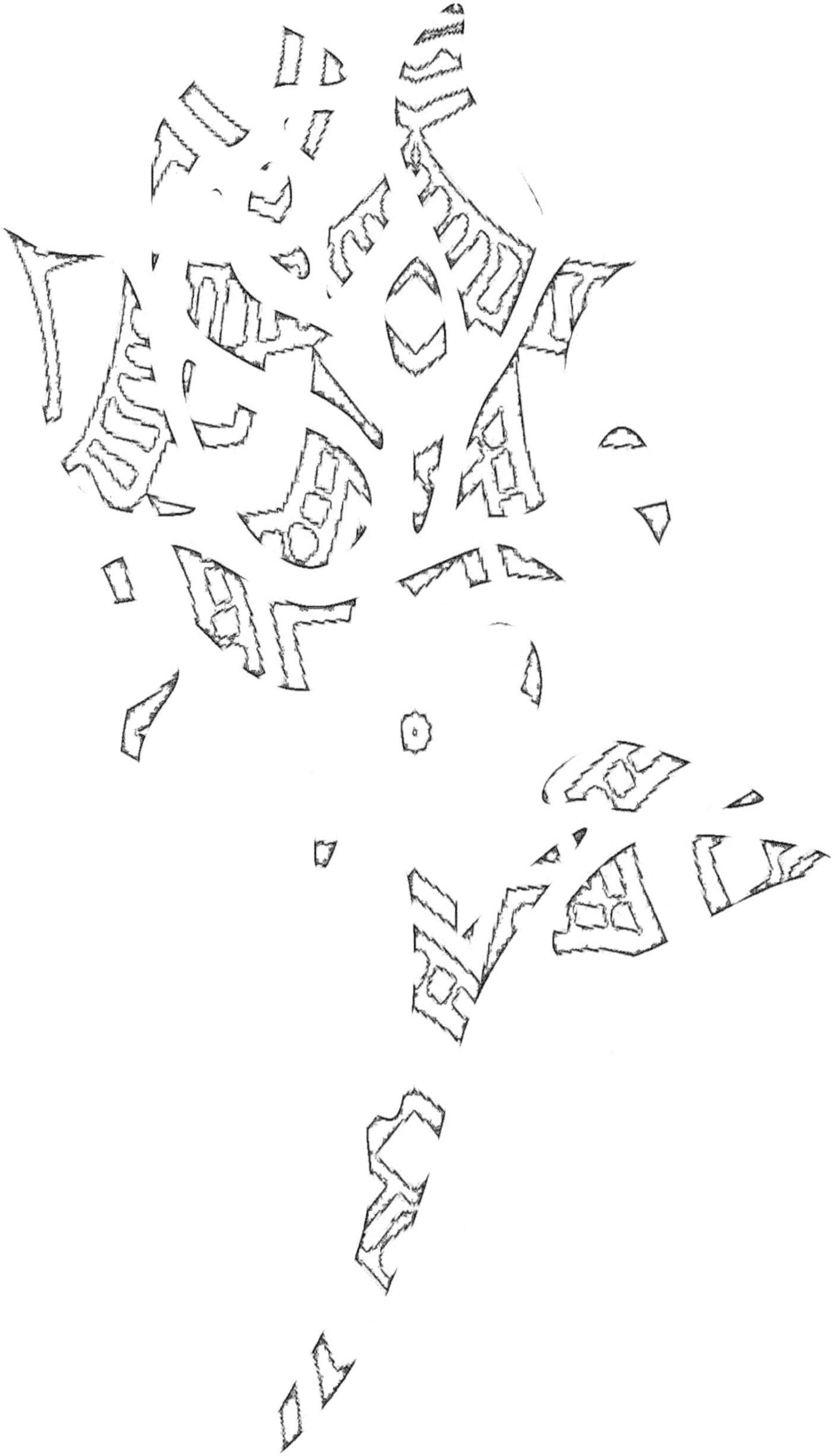

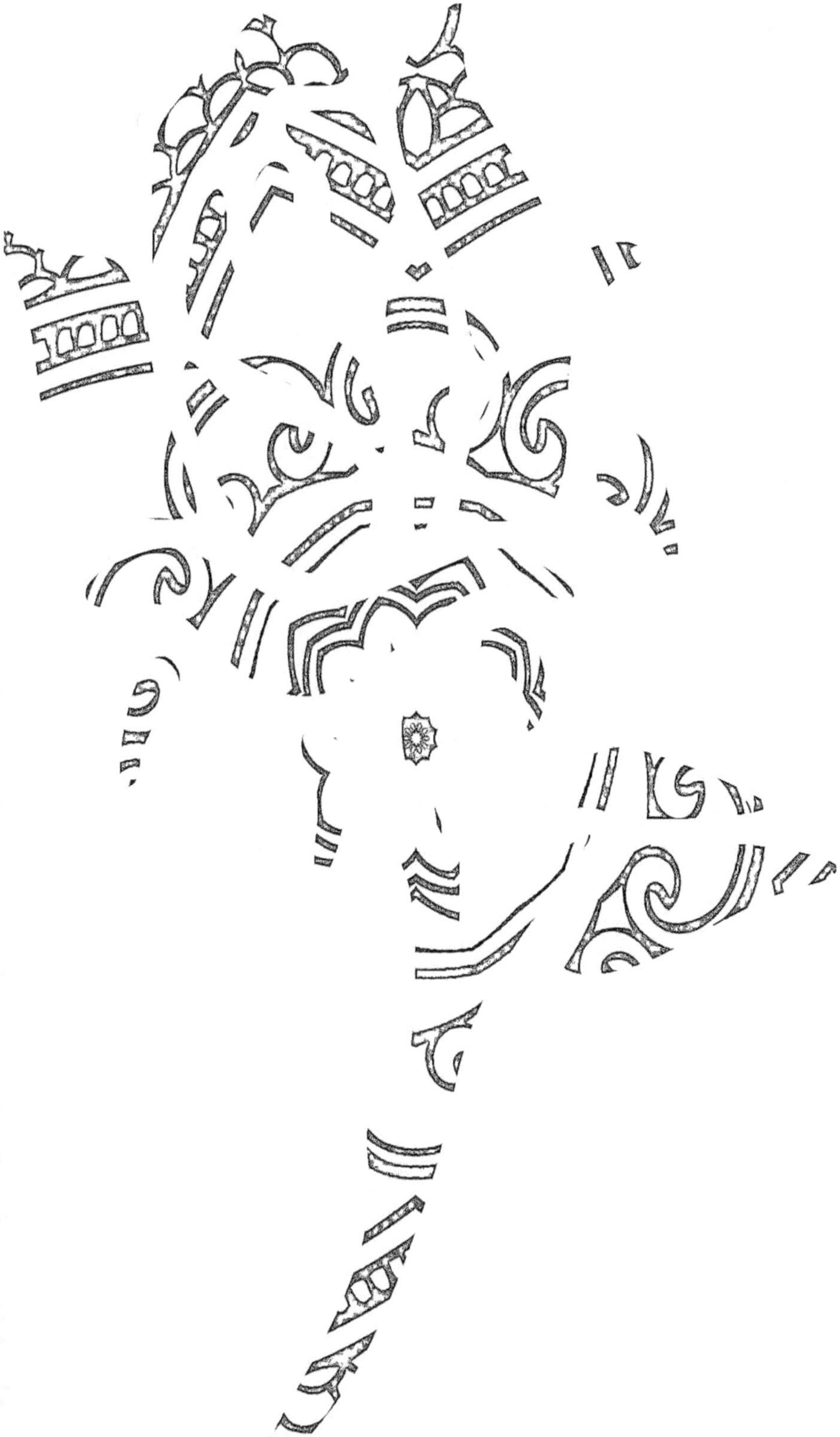

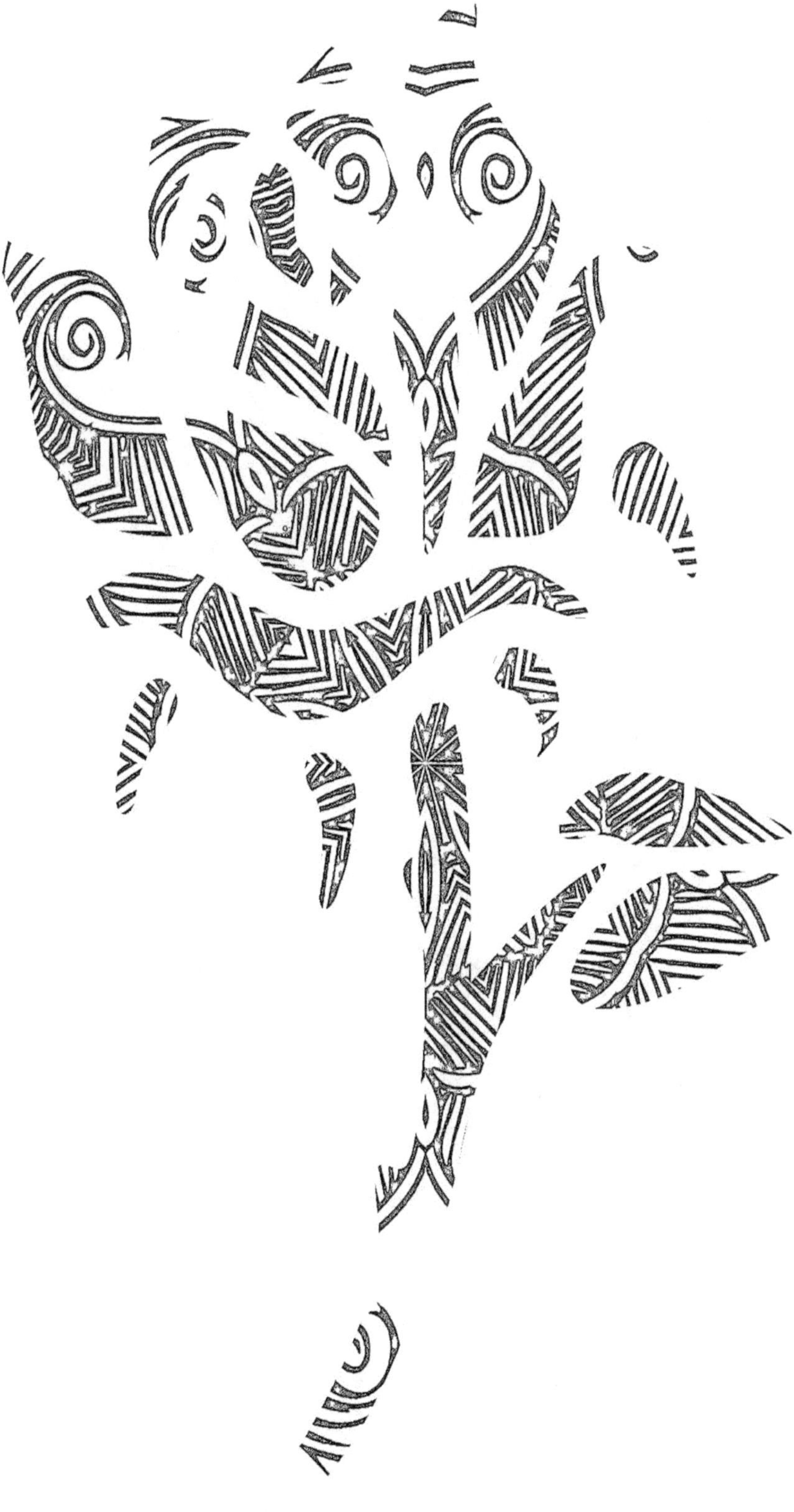

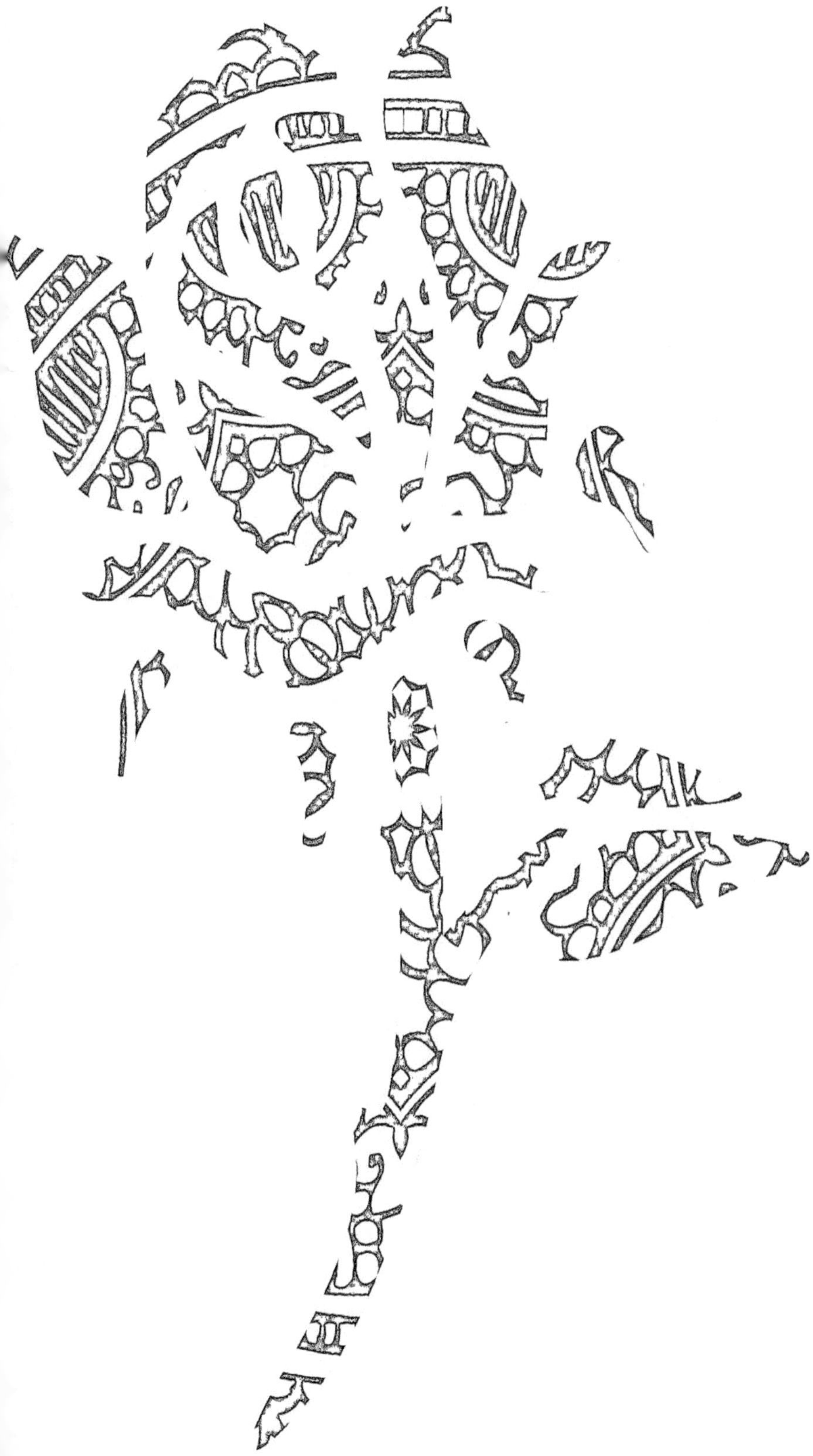

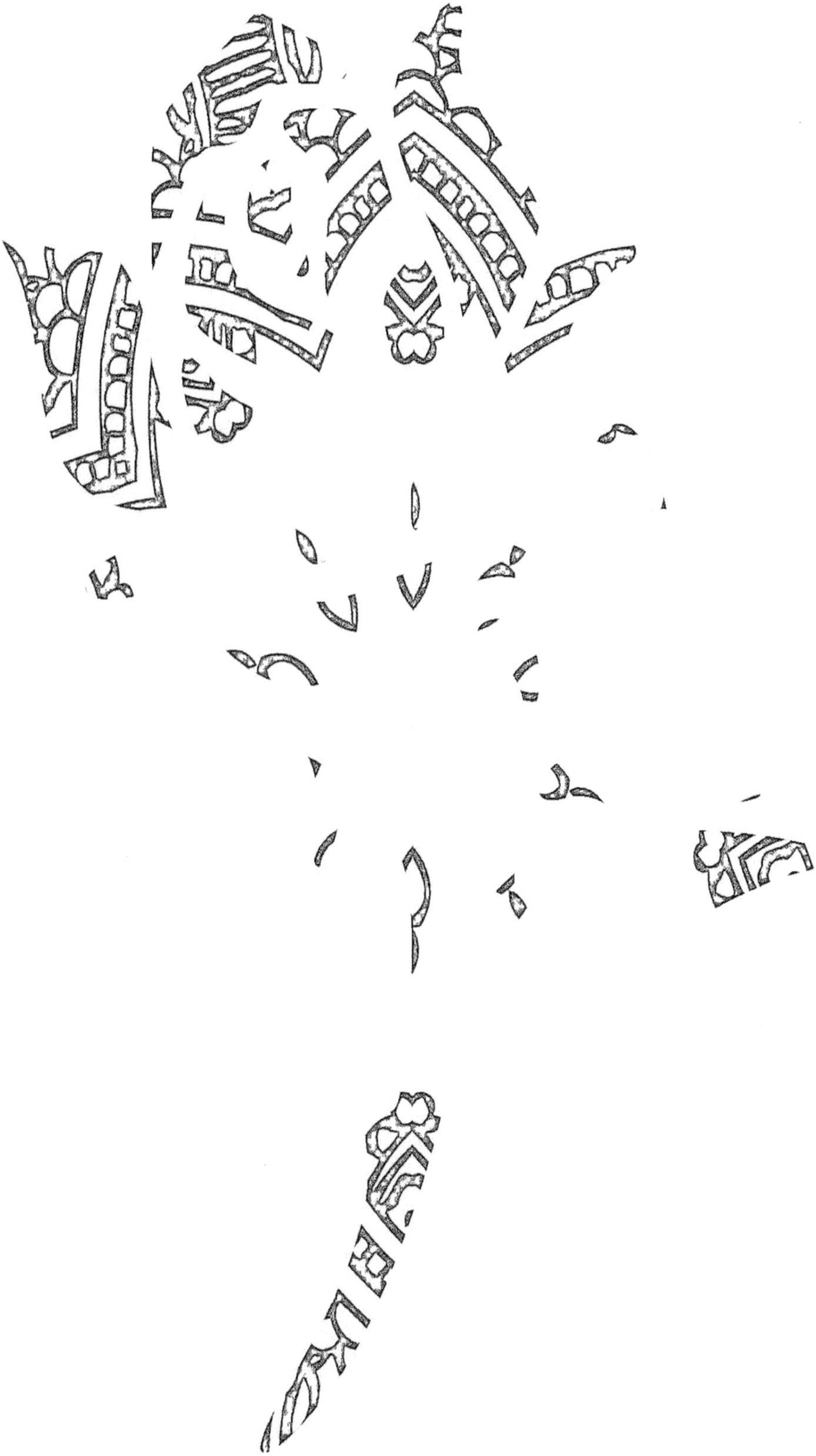

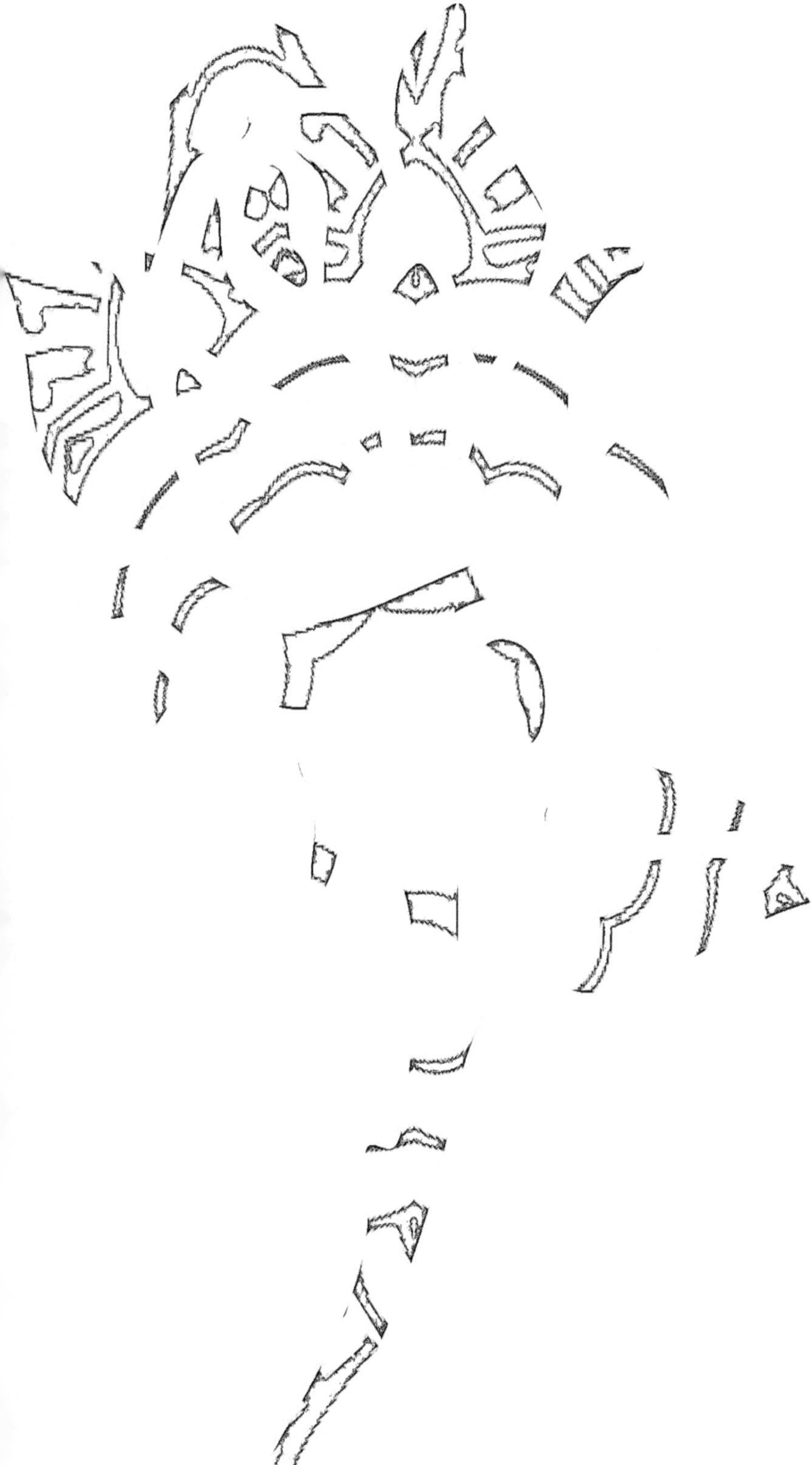

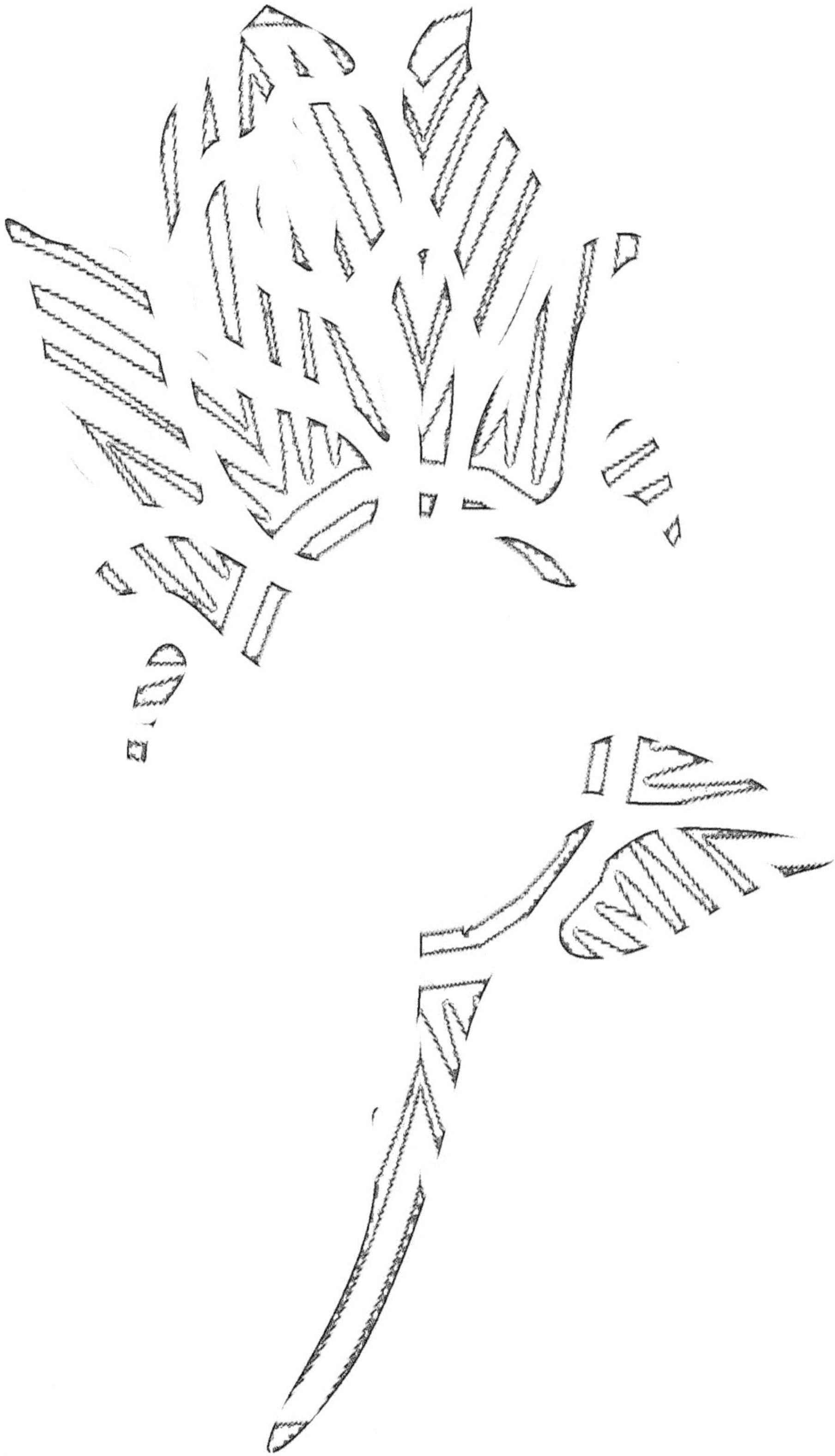

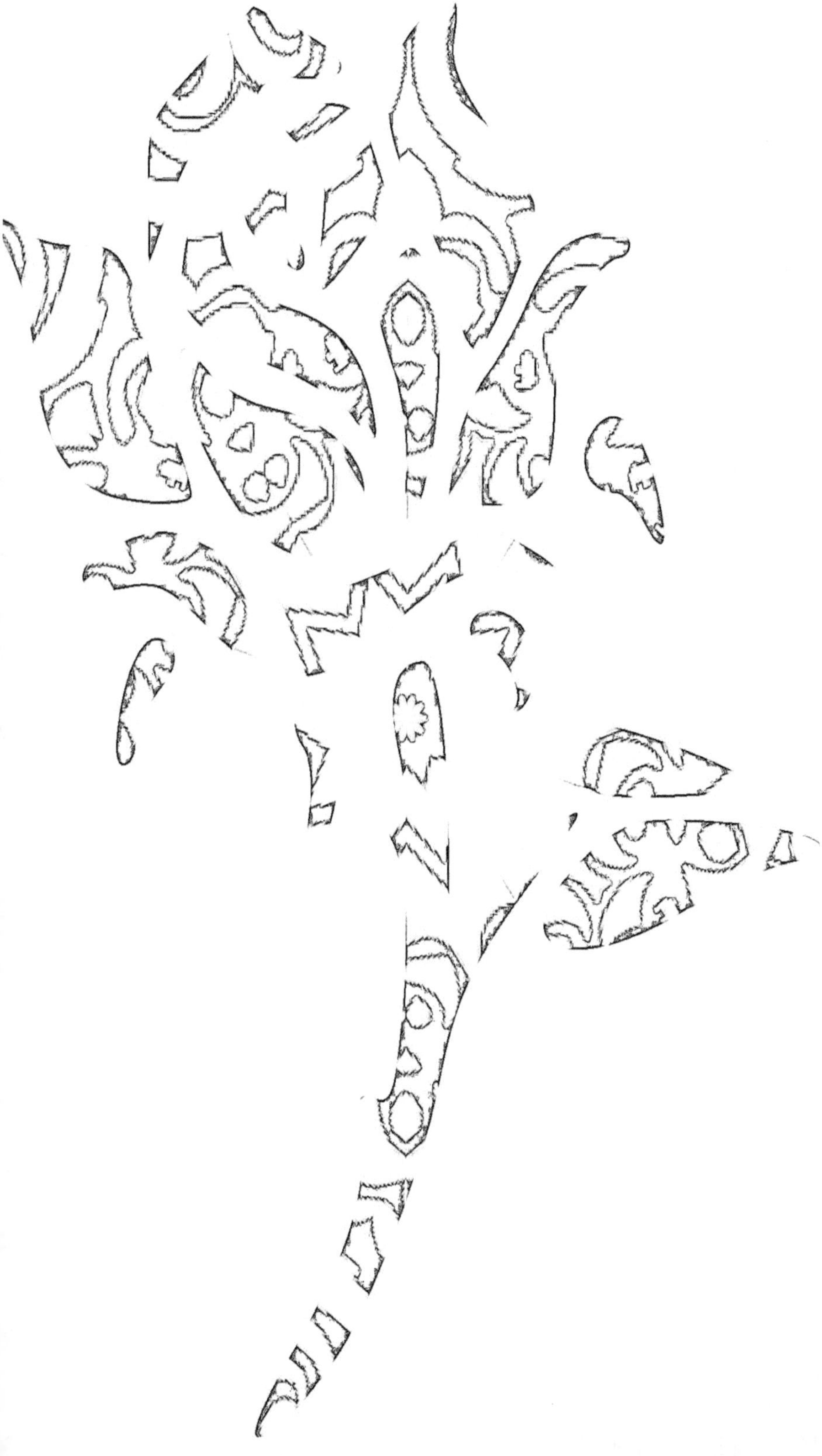

www.ingramcontent.com/pod-product-compliance
Lightning Source LLC
Chambersburg PA
CBHW051424170526
45165CB00004BA/1952
* 9 7 8 1 5 4 8 1 7 9 1 1 3 *